## COMTE DE SANDERVAL

INGÉNIEUR DE L'ÉCOLE CENTRALE

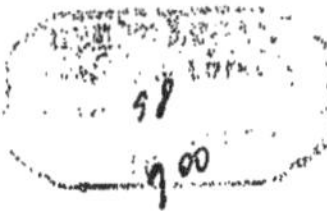

# Les Rives

DU

# Konkouré

## De l'Atlantique au Foutah-Djalon

**PARIS**

AUGUSTIN CHALLAMEL, ÉDITEUR

RUE JACOB, 17

*Librairie Maritime et Coloniale.*

1900

# Les Rives du Konkouré

## DU MÊME AUTEUR

*De l'Atlantique au Niger par le Foutah-Djalon*, carnet de voyage (1879-1880), nombreux dessins et cartes. 1 vol. grand in-8°. Paris, 1892. Ducrocq, éditeur.

Le même ouvrage, édition in-12. Paris, 1883. Ducrocq, éditeur.

*De l'Absolu.* Deuxième édition, 1 vol. in-8°. Paris, 1890. Félix Alcan, éditeur.

*Le Soudan français. Kahel.* Nombreux dessins et cartes, 1 vol. grand in-8°. Paris, 1894. Félix Alcan, éditeur.

*La conquête du Foutah-Djalon.* Ouvrage illustré de 200 gravures (photographies de l'auteur) et d'une carte. 1 vol. grand in-8°. Paris, 1899. Augustin Challamel, éditeur.

MACON, PROTAT FRÈRES, IMPRIMEURS.

COMTE DE SANDERVAL

Ingénieur de l'École Centrale

# Les Rives

## DU

## Konkouré

### De l'Atlantique au Foutah-Djalon

PARIS

Augustin CHALLAMEL, Éditeur

Rue Jacob, 17

*Librairie Maritime et Coloniale.*

1900

*Nous rendons compte ici du voyage que nous avons fait, mon fils et moi,
sur les eaux du Konkouré, après nos précédentes explorations de reconnais-
sances effectuées par terre[1].*

Le Foutah-Djalon — entre l'Atlantique et le Soudan, notre Sénégal au
nord, la colonie anglaise de Sierra-Leone au sud — est formé par un soulè-
vement central, d'où huit contreforts, inégalement distribués, rayonnent en
s'abaissant vers ses frontières.

Situé entre l'équateur et le tropique, il voit, deux fois par an, le soleil à
son zénith refléter son image au fond des puits. Ce double va-et-vient partage l'année en quatre périodes inégales, deux saisons plus courtes, confu-

1. Nous avons relevé le cours du fleuve à la *Boussole de Hansen* ; cet instrument léger est simple et com-
mode au point qu'un Noir peut en noter exactement les indications ; il permet ainsi au topographe de relever,
avec plusieurs boussoles, sans perdre de temps, de nombreux tracés autour de chaque station centrale.

sément séparées et comprises entre deux saisons dominantes bien distinctes : la saison sèche, novembre-mai, et la saison des pluies, mai-novembre. Pendant la première, il pleut rarement ; de courtes ondées atténuent pour quelques heures la sécheresse extrême de l'atmosphère, et sont les bienvenues ; dans la saison des pluies, il tombe six mètres d'eau : douze fois nos pluies de France, cinq ou six fois celles du bas Sénégal.

Ces déluges retournent à la mer, sur le versant est, par la Falémé et le Bafing (Sénégal), qui gagnent la côte par le nord du Foutah, et le Tankisso dont les eaux se jettent dans le Niger et font par le Sud le plus long voyage ; sur le versant ouest, par douze ou quinze torrents, presque tous les cours d'eau des Scarcies à la Gambie.

Ces torrents ou rivières sont de puissants cours d'eau dans la saison des pluies, dans la saison sèche on les traverse partout à gué ; dans la montagne, les ravins complètement à sec deviennent, après une tornade et pour plusieurs heures, des torrents profonds de deux ou trois mètres, roulant à grand bruit les eaux précipitées ; puis l'écoulement s'achève, tout rentre dans le calme et le silence.

Au pied des montagnes, près de la côte, ces torrents achèvent leur course dans le flux des eaux de la mer, qui montent à leur rencontre dans les terres d'alluvion. Les longs estuaires navigables ainsi formés, précieuses routes mouvantes plus ou moins avancées vers l'intérieur, ont de tout temps facilité les relations de l'Europe avec le rivage africain ; aux temps où l'intérieur du pays nous était inconnu, ils servaient d'entrepôts et de marchés pour la vente des esclaves ; aujourd'hui, ils reçoivent d'honnêtes navires chargés de nos produits manufacturés d'Europe, éléments de la troque contre les produits indigènes.

Aux temps préhistoriques, ces régions, habitées aujourd'hui par la race noire, ont peut-être été occupées par des hommes moins différents de la nôtre ; on a découvert, il y a trois ans, dans les plantations de la rivière Dubréka, des haches en silex, spécimens révélateurs. Tout dernièrement, M. Cousturier, gouverneur par intérim, attentif à tout ce qui peut être utile à l'étude de la Colonie, et M. Roux, trésorier-payeur, archéologue distingué, ont mis au jour dans une fouille, près des sources de Rotuma, sous une couche de terre meuble de trois mètres d'épaisseur, un précieux trésor de haches et instruments de toutes sortes, en silex ou quartzite, au milieu d'un amas de pierres éclatées. Une magnifique collection réunie par leurs soins devant être prochainement offerte à nos savants, j'espère qu'il n'y a pas indiscrétion de ma part à en parler dès à présent.

Le travail perfectionné qui a produit ces instruments variés, pourrait être compris et peut-être exécuté par les indigènes habitants actuels de la région, si on le leur expliquait ; aurait-il pu tout d'abord être imaginé par eux et organisé dans sa méthode ? on peut en douter. Faut-il admettre que des hommes plus ingénieux, venus des îles du Cap Vert, ont autrefois vécu sur ces rivages ? Il serait intéressant de le savoir, de savoir si le climat dans l'espace de temps de certaine période astronomique a permis, et permettra de nouveau plus tard, à la race blanche, de vivre en ces lieux dont le climat actuel est encore si incommode aux Européens.

Au nord, la Falémé, rivière de l'or, disait-on, traverse le Bambouk où il s'est depuis cinquante ans perdu beaucoup d'argent en recherches infructueuses ; puis au sud du Bafing (Sénégal), le Tankisso rejoint le Niger dans la région aurifère du Bouré.

A l'ouest, nous citerons les plus importants des torrents ou rivières qui descendent du Foutah, et débouchent sur la mer, au nord des Scarcies.

La Mellacorée, rivière de Benty, la Kolenta.

La rivière Dubréka, large estuaire qui ne reçoit de l'intérieur qu'un mince filet d'eau douce ; bon mouillage, station commerciale ancienne, importants comptoirs allemands ou anglais, tant à Dubréka même qu'à Corréra, point où s'arrête la marée montante.

Le Bramaya, estuaire du Konkouré, terres basses, station commerciale délaissée. Le Bramaya et la Dubréka communiquent entre eux par un marigot intérieur, navigable, profond.

Le Rio-Pongo, estuaire fréquenté, rives accidentées, berges élevées, propices à l'installation plus aérée des habitations, ancien centre important de la traite des esclaves ; on trouve encore chez l'indigène, dans le dernier village, tout au fond de ce fiord, des traces remarquables de sang américain. La douane du Rio-Pongo a versé l'an dernier quatre-vingt-quinze mille francs à la recette de Konakry. Le Pongo reçoit les eaux de la Fatalla, marigot aux apparences de rivière, alimenté surtout par le flux et le reflux qui, dans un lit encombré de barrages naturels, forment un grand nombre de rapides à renversement suivant la marée.

Le Rio-Nunez, estuaire ne recevant que peu d'eau douce que lui apporte le Tiguilinta, à Corréra (ce nom indique la limite, en haut), à 6 kilomètres en amont de Boké. On peut voir, 12 kilomètres plus haut, sur les rochers du Tiguilinta, des alvéoles allongées, traces anciennes creusées par les éléphants qui trouvaient là, près de l'eau, une pierre d'un grain convenable pour aiguiser leurs défenses. Bons mouillages, nombreux et importants groupes de factoreries. Les impôts versés par le Nunez à la perception de Konakry ont été l'an dernier de cent mille francs. A Boké, la plus ancienne de nos stations militaires sur cette côte.

Le Compony, magnifique estuaire, reçoit les eaux du Cogon ; factoreries à Bassiah et à Kandiafara. L'entrée sur la mer est obstruée par un barrage de roche ouvert au milieu ; devant cette unique porte s'élève une muraille parallèle au barrage, limitant ainsi un chenal en baïonnette, que les navires ne peuvent facilement franchir qu'aux heures de mer étale. Un second barrage pareil, moins fermé, se rencontre un peu plus haut. Malgré ces obstacles, le Compony est une très belle station.

En pirogue, on peut remonter le Cogon assez loin dans l'intérieur.

Puis nous rencontrons la colonie portugaise de Boulama, Bissao, l'archipel des Bissagos, le petit archipel de Koum dont

nous avons reconnu et relevé les îles et les rivières
en 1880.

Le Cassini, belles eaux profondes, terres fertiles,
peu d'eau douce, entrée sur la
mer encombrée de bas-fonds.

La rivière de Boulole, presque
sans eau douce.

Le Géba, le Rio-Grande reçoit
près de Kadé, seconde capitale
du Labé, l'important torrent le
Tomine, qui prend sa source dans
les hauts plateaux du Foutah-
Djalon. Près de l'embouchure du Tomine se trouvent les sources sulfureuses
de Cofara; autorisé par le roi du Labé, nous en avons rapporté, il y a vingt
ans, un échantillon déposé depuis au Laboratoire colonial de M. Heckel.

La rivière Cachéo, bon mouillage, terres fertiles, indigènes ombrageux ;
fort, factoreries.

La Guinée portugaise offre de beaux champs à cultiver, quelques forêts ou
grands bois ; son territoire est découpé par de profonds marigots, en larges
îles accessibles de tous côtés; nombreuse population de races très différentes,
tribus dociles ou guerrières, d'un caractère difficile, mais serviables pour le
maître qui a leur estime.

La Casamance (française), entrée difficile pour les navires à voiles, très
belles terres ; mais à peu près en dehors de la présente nomenclature, ne recevant pas d'eau du Foutah.

Puis plus au nord, la Gambie (anglaise), qui prend sa source dans le haut
Foutah. Importante station commerciale, nombreuses maisons françaises.

Le sol tourmenté du Foutah-Djalon appartient à deux étages géologiques
de natures et d'âges différents : un étage ancien de grès friable, sous un

manteau moderne d'oxyde de fer (le fer magnétique abonde sur plusieurs points dans le Foutah).

Le grès, apparent à toutes les altitudes jusqu'au niveau de la mer, donne au Foutah-Djalon son aspect caractéristique ; ce ne sont, de tous côtés, que ravins creux et hautes falaises limitant des plateaux plus ou moins étendus, recouverts de terre fertile ; sites enchanteurs. Les Foulahs guerriers et voleurs qui s'étaient emparé du pays, il y a cent cinquante ans — après la mort de Coly Tinguéla, le précédent conquérant, — avaient trouvé là un repaire à souhait pour abriter leur brigandage.

La roche de fer couvre plus du quart du pays, étalée en vastes surfaces absolument arides, impropres à la culture, impénétrables à l'outil, rugueuses, dures aux pieds des chevaux, incommodes à la marche comme un labour gelé. Dans la saison sèche, la roche est nue, brûlante au soleil ; dans la saison des pluies, ces champs de roche massive gardant des traces de cendre et de poussière des incendies annuels, se couvrent d'herbe touffue. On a essayé d'engranger le foin des temps pluvieux, la fermentation et les termites ont détruit les approvisionnements.

Nous avons exposé ailleurs nos travaux pour organiser le Foutah-Djalon, afin qu'il rende à la France les immenses services qu'il peut lui rendre, services qu'il lui rendra tout de suite, si l'on veut bien s'informer des avantages qu'il offre, et satisfaire aux conditions qu'il indique ; qu'il rendra plus tard, si l'on abandonne le pays à sa force propre. Le Foutah-Djalon est la clef du Soudan ; sa valeur s'impose, l'homme d'État qui la reconnaîtra décuplera par son aide la puissance de notre empire africain ; nous l'avons dit dès 1880, et nous avons même été entendus ; mais on n'en fait rien parce que la nation ne veut pas croire nécessaire d'avoir une politique coloniale.

*Flore.* — Nous réduirons à une courte nomenclature nos renseignements sur la flore et la faune déjà connues de cette région africaine.

Le Mil gros et petit, le Riz sont cultivés partout ; le Riz est l'aliment essentiel du Noir. Autour des cases, le Maïs, le Coton, le Manioc qui pousse avec une incroyable complaisance, ainsi que la Patate sucrée, le Diabéró aliment commun, mais très sain dans les temps humides, le Haricot ; Bananes, Papayes, Mangues, Oranges et Ananas cultivés, mais sans grands soins, au milieu du village, sont de bons fruits précieux pour l'alimentation, abondants. La Papaye se recommande par ses qualités digestives, la Mangue par l'alcool parfumé que l'on en peut tirer.

La Purghère, l'Arachide et la Sésame sont cultivés, récoltés par milliers

de tonnes ; le Nété, le Mampata ou Koural, le Kantigni (prune), le fruit du Baobab (pain de singe, farine blanc rosé comestible rafraîchissante), ainsi que le Palmier dont les noisettes offrent extérieurement une huile jaune comestible très appréciée et intérieurement, dans leur amande, une huile blanche qui sert à produire les savons mousseux, sont partout à l'état sauvage, offrant à profusion, à l'indigène, un aliment de qualité souvent suffisante.

Citons encore les Piments, de toutes sortes, le Guillais, sorte de poivre dont l'arome émane de l'écorce de la gousse ; le Diagato, précieuse tomate apéritive ; le Tamarin rafraîchissant, le Miel, la noix de Kola recherchée entre tous les fruits ; le Quinquina utile à l'homme, utile aux chevaux ; la Gomme, l'Indigo abondant à l'état sauvage, une plante donnant une teinture verte ; nombreuses variétés de Tannin ; le Palmier qui offre son vin mousseux, se trouve dans le bas pays ; le Iigni, surabondant à l'état sauvage, sert à faire le Bili, bière enivrante ; le Benténier, disséminé, offre en maint endroit son gigantesque feuillage, son coton soyeux, et le tronc superbe où l'indigène creusera sa pirogue ; de lourds Melons de bois remplis à l'intérieur de petites amandes pointues comestibles ; la Châtaigne exotique ; l'Avocat, la pomme d'Acajou ; le Touloucouna, le Gogo médicinal, et, spécifiques contre la fièvre, la noix malgoche, le Kinkéliba, le Sihihimbi (genoux de chèvre).

Le Caoutchouc de diverses espèces, un Café de très bonne qualité, se rencontrent dans la montagne et dans la plaine ; le Cacao importé pousse et prospère.

Mille essences rares se trouvent un peu partout, et reconstitueraient promptement d'épaisses forêts si l'indigène, chaque année, ne prenait soin de propager les incendies ; destruction fâcheuse, mais aussi assainissement nécessaire : une sage législation forestière produira de merveilleux effets.

Parmi les arbres utiles, il faut citer spécialement le Palétuvier. On le rencontre dans tous les estuaires, dressé en forêts touffues sur les rives qu'il rend inabordables. Il ressemble à nos bouleaux par l'aspect général de son feuillage ; il est moins irrégulier, son tronc est droit, ses branches sont longues et droites ; il est employé dans la construction des cases, soit pour former les murs extérieurs, palissades garnies de terre, et pour les cloisons intérieures, soit pour soutenir en parapluie l'épais manteau de chaume qui forme la toiture.

Le bois de palétuvier est moins attaqué par les termites que nos bois d'Europe, qualité rare et précieuse entre toutes.

Le Palétuvier est un puissant agent de colmatage des basses terres inondées. Au lieu de sortir immédiatement de terre, le tronc de l'arbre est soutenu à plusieurs mètres au-dessus de la terre et de l'eau par des racines aériennes qui plongent dans la vase et le tiennent en l'air, pourvu d'eau et d'aliments solides. Le courant, forcément ralenti dans le réseau de ces longues tiges, dépose le limon dont il est chargé, et le sol ainsi s'exhausse, les marécages se comblent, le lit du fleuve est limité.

Ces rives envasées sont inabordables ; malheur au voyageur qui s'aventure, pour gagner au plus court, sur le sol à peine desséché de ces terres nouvelles, il enfonce et disparaît ; nous avons dû parfois passer sur ces fanges mouvantes, abîmes sans fonds et sans secours ; nous ne pouvions cheminer que sur des branchages abattus, nos malheureux chevaux enlizés jusqu'aux

sangles, épouvantés, ne voulaient ni ne pouvaient avancer. C'est le danger le plus perfide, parce qu'il n'apparaît pas d'abord, et qu'il vous prend sans menaces. Mille mètres parcourus dans ces tombes silencieuses suffisent à lasser tout courage ; la fatigue physique et surtout l'angoisse mordante font de ce court trajet l'équivalent d'une étape.

/ La *Faune*, moins intéressante que celle du Congo, ne compte ni le Chameau qui ne vit pas au Foutah, ni la Girafe; l'Éléphant a disparu, cependant on en parle encore; le Lion est rare, il n'y en a plus; il n'y a jamais eu de Tigres; sur la côte, les Chevaux ne vivent pas. La Panthère abonde, la Hyène dans certains endroits; le serpent Boa est commun; les espèces venimeuses, Trigonocéphale, Cobra, ne sont pas rares; les araignées plates tapissent l'intérieur des cases; les rats sont familiers; le Grillon strident défie le plus lourd sommeil. Dans les eaux, les Caïmans pullulent; on rencontre ce fâcheux saurien jusque dans la montagne où il remonte pendant la saison des pluies, dans le creux des ravins où il demeure toujours un danger.

Les Hippopotames vont par groupes, dans les biefs profonds, d'où ils remontent sur les berges pour se nourrir, ravageant les cultures.

Les Singes courent en bandes, espèces diverses, animaux nuisibles, pillent les kolatiers, coupent les maïs, fouillent les champs d'arachides, dévalisent les cases mal surveillées, viennent boire le lait jusque dans l'intérieur, attaquent les passants de mince apparence, tuent, pour les manger, les serpents boas et les panthères qui ne peuvent, sous la forêt, se dérober à leurs coups multipliés.

Il faut citer surtout : les Termites qui dévorent le bois mort, ruinent en un rien de temps les boiseries d'une habitation et jusqu'aux charpentes, par un travail invisible sous la surface intacte, fléau exaspérant. Les nids de Termite ou termitières, sont d'élégants châteaux à clochetons nombreux, de trois ou quatre mètres de hauteur; la terre en est recherchée pour la construction des cases. Cette terre ayant passé grain à grain dans l'estomac du Termite, a, paraît-il un goût appréciable, certains indigènes la cuisinent dans leurs sauces.

Et la fourmi Magnan, qui dévore toute proie animale. Nous avons rappelé ailleurs les mœurs de cet utile réducteur de détritus; ses bataillons serrés vont au loin chercher leur proie; rien ne leur résiste, l'homme est obligé de fuir hors de sa case envahie, jusqu'à ce que le bataillon s'en aille; si les Magnans s'arrêtent dans une étable, une écurie, un poulailler, il faut ouvrir les portes et lâcher les bêtes, sinon tout est dévoré.

Le voyageur ne s'inquiète guère de toutes ces bêtes ; il a, dès le premier moment, pris l'habitude des précautions indi-. gènes : un noir chez nous, se trouve bien plus en danger que dans la ménagerie africaine dont il a l'habitude depuis son enfance.

Les Sauterelles dévastent le pays ; l'indigène essaye de s'en défaire en creusant des fossés où il détruit les criquets accumulés, mais cette mesure de protection n'étant prise que devant les champs de riz, le pays inculte reste aux sauterelles qui pullulent à l'aise et ressortent partout. Le noir patient et soumis ensemence de nouveau son champ, une fois, deux fois, puis il renonce à le cultiver, pour le moment. Un chef instruit des ravages que causent les sauterelles au nord de l'Afrique, nous disait, justifiant sa résignation : « Puisque les Blancs ne peuvent pas s'en défendre, comment les Noirs pourraient-ils y parvenir ? »

Les Sauterelles voyagent en vols immenses, nuages sombres qui occupent tout l'espace, et obscurcissent le soleil pendant des heures, impressionnantes par la puissance fatale de leur migration. Elles passent inoffensives ; le vent d'est les pousse à la mer.

Les lourds Criquets se meuvent autrement : sautillant pêle-mêle sur les champs et les sentiers, ils dévorent tout dans leur exode affamé. Leurs troupes compactes paraissent s'offrir à une destruction facile, mais *ils sont trop*. Envahis dans notre case par un passage de Criquets qui avaient dévoré la toiture de paille, nous essayâmes de faire balayer ces bêtes incommodes et puantes qui tombaient de tous côtés, ou descendaient le long des murs ; mais il y en avait autant derrière le balai que devant, c'était peine perdue. Le chef du village nous dit tranquillement : « Il est inutile de les pousser, cela n'avance à rien, il y en aura toujours autant jusqu'à la fin du passage ; il suffit d'avoir un peu de patience ; tout à l'heure il n'y en aura plus, il sera impossible d'en trouver un ». Pendant qu'il nous tenait ce discours inspiré par l'expérience, les Criquets, s'attaquant à tout, mordaient nos vêtements, percillaient jusque sur nous-mêmes nos vestes de flanelle.

Les Sauterelles, dans leur vol, se tiennent équidistantes exactement, elles sont immobiles les unes relativement aux autres ; aucune fantaisie individuelle ne vient troubler cet arrangement. Un tel ordre est évidemment l'effet d'une loi, conséquence exacte de la nature même de ces atomes. Lorsqu'on entre dans ce milieu, on a l'impression de pénétrer, avec un œil agrandi — capable de voir les espaces constitutifs où nous ne pénétrons que par la pensée et l'hypothèse, — au sein même de la matière, et de la voir vivre, de voir comment existe un corps. On sent que pour changer la nature de ce corps, il faut agir sur la nature de ces éléments pareils, associés, afin que, par conséquence, la loi de relation qui les lie entre eux, soit changée. Si l'on se limite à agir sur le corps, ensemble d'éléments, on déplace le corps, mais on ne change pas la loi de sa constitution.

Les criquets en bandes montrent une autre allure conduisant à la même conclusion. Dans la sauterelle, la vitalité de croissance est éteinte, il ne reste qu'un être achevé dans sa forme, ne vivant plus en progrès ; le criquet, au contraire, est l'être en formation tendant par un progrès continu vers un perfectionnement final. Dans ce travail, chaque individu, élément de la foule, progresse suivant sa force différente de celle du voisin ; la lutte s'ensuit, c'est-à-dire un désordre apparent, un pêle-mêle qui forme un ensemble tumultueux, une foule d'Êtres non en équilibre entre eux, un corps non défini. La fin de cette lutte sera l'égalité réalisée, l'équilibre stable de l'état définitif, fin de la lutte pour le progrès ; cet état d'inertie intérieure, est celui du nuage morne des sauterelles. Dans le milieu qu'elles forment, les sauterelles liées entre elles invariablement, toutes pareilles, mortes à la lutte individuelle, forment un Être achevé, un milieu, un corps défini. Le criquet nous représente l'humanité vivante, en formation, les sauterelles achevées sont une foule morte de collectivistes tous pareils.

On trouve partout à chasser l'Antilope et la Perdrix, souvent le Sanglier;
des oiseaux de toutes sortes : Pélicans, Aigles pêcheurs, Flamants, Canards, Aigrettes, Pigeons verts et autres sans nombre, Merles métalliques, petits oiseaux de mille espèces aux brillantes couleurs.

Les Bœufs et les Moutons se rencontrent partout, non pas en grands troupeaux, ni même en nombre suffisant pour offrir un aliment commun aux indigènes, mais suffisant pour l'Européen ; les Foulahs plus que les Sousous sont propriétaires, et gardiens de troupeaux. Des Poules autour des cases; et partout le même Chien, petit chien à poil ras, peu caressant, gardien fidèle, destiné à être mangé par la panthère ou par le caïman qui le happe au moment où il vient boire au marigot, ou à crever de la piqûre d'un serpent.

Parmi les torrents que nous avons nommés, le Tankisso — à l'est du Foutah-Djalon — forme dans les plaines qu'il traverse des biefs à peu près navigables, ainsi que nous l'avons annoncé en 1880; il arrive en deux sauts majestueux au niveau du Niger. Il a été parcouru (vers 1895, si je ne me trompe), par M. Hourst, lieutenant de vaisseau, puis par M. Devaux, lieutenant d'infanterie, et récemment visité par le Docteur Maclaud. A l'ouest, le Konkouré offre un plus grand volume d'eau, un plus

long parcours; son lit très accidenté est un long escalier qui descend jusqu'à la mer; il n'est pas impossible de le remonter. Nous parlerons ici du Konkouré.

Nous avions dans nos voyages précédents reconnu le cours du fleuve, non pas en en suivant les bords : il n'y a pas de sentiers; mais en venant de chaque village à proximité, reconnaître la petite section du cours d'eau que l'on en pouvait découvrir.

Il nous fallait, pour le remonter, une flottille appropriée aux conditions diverses de la navigation à entreprendre tantôt sur des grèves presque sans eau, tantôt sur des torrents tourmentés. Nous fîmes construire, à Avignon, des barques plates, d'après le modèle en usage sur le Rhône; le faible tirant d'eau de ces embarcations leur permet de flotter sur les bas fonds, leur fond plat glisse facilement sur les roches ou roule sur les cailloux mobiles; leur avant, relevé et allongé, facilite les atterrissages et le traînage à terre. Ces barques, construites en sapin, sont légères, le poids, à l'état sec, d'une barque solide pouvant porter quatre hommes et six cents kilogs de bagages, ne dépasse pas deux cents kilogs.

Pour remonter les chutes, il fallait une barque large et creuse à l'avant, et ainsi très flottante et très haute, pouvant s'engager sur les torrents sans cueillir les flots rejetés en désordre; pour remplir ces conditions, nous fîmes venir de la Baltique, une norvégienne du gabarit usuel. Elle a fait merveille.

Il n'y a pas de factoreries dans le Bramaya (Konkouré), tandis que dans les rivières voisines Benty, Dubréka, Rio-Pongo, Rio-Nunez, les factoreries sont nombreuses, groupées en villages. La pacification du Soudan et l'occupation du Foutah-Djalon ayant étendu le champ de la traite et affirmé la sécurité des routes, les caravanes arrivent chaque jour plus nombreuses et plus importantes dans ces rivières; le port de Konakry a participé à cet accroissement, dès que nous l'avons ouvert, et a centralisé les ressources de ces rivières prospères, le Bramaya est resté inoccupé.

De lourds impôts ont suivi de près ces arrivages; nous dirons ici, d'accord probablement avec le personnel d'élite qui fait la prospérité des factoreries dans le dur métier de traitant, que l'impôt prélevé sur les factoreries devrait être limité au strict nécessaire ; l'Européen, qui se meurt sous ce climat impitoyable, ne lui verse que des pièces tachées de sang, la monnaie de sa vie. L'impôt est au contraire moralisateur lorsqu'il est prélevé sur l'indigène qu'il oblige à un peu de travail. Mais encore faudrait-il préparer les Noirs aux charges nouvelles, leur montrer à cultiver ; il serait humain, il suffirait pour utiliser leurs forces de leur donner, avec un bon conseil, un simple exemple, comme nous l'avons proposé aux chefs du Foutah, en 1880. Loin de prendre ces précautions, on se jette sur l'indigène avec une avidité révoltante, une précipitation destructive.

Nous avons demandé la permission d'aménager dans le Konkouré une voie de communication rurale ; on peut en effet utiliser ses biefs praticables, reliés entre eux par quelques longueurs de rails à voie étroite, pour desservir les localités qu'ils baignent ; transports très limités d'ailleurs par le resserrement des berges hautes qui en maints endroits ferme presque la route, formant des ruelles où ne passeraient pas des barques de plus d'une tonne. Une dépense de quatre cent mille francs aurait suffi à cette appropriation.

On ne nous a pas autorisé ; c'est bien entendu : un simple citoyen français n'a pas le droit d'initiative, même dans un désert perdu. On objectera peut-être que la Colonie se disposant à établir un chemin de fer, il ne fallait pas lui préparer une concurrence ; ce ne serait pas un bon prétexte, car la région restreinte que desservirait le court parcours du fleuve utilisable, est isolée, séparée du chemin de fer projeté, par des montagnes infranchissables.


Le Konkouré offre au touriste les décors les plus saisissants ; au Géologue les enseignements certains que recherche sa science, des documents qui s'imposent faisant revivre sous nos yeux la nature ancienne, au temps des grandes forces à la recherche de leur équilibre réciproque ; le trafiquant y trouverait un passage utilisable, une voie de communication précaire ; l'explorateur qui tente de remonter ce fleuve rencontre des obstacles nouveaux, des situations mouvementées qui auraient l'attrait des luttes franches où l'on peut se plaire, si le climat meurtrier ne troublait l'intérêt de l'entreprise par la banalité permanente de ses menaces.

Sur plusieurs points du parcours se dressent, en dehors du lit actuel du fleuve, de magnifiques barrages de monolithes ravagés par les eaux; ces géants énormes de roche en place, aux formes les plus diverses, rappellent les formations pareilles que l'on rencontre en petit spécimen dans les Vosges (rochers de Salborde près de Vesoul), et surtout en Bohême (grès de Weckelsdorf et d'Adersbach, décrits par M. L.-A. Martel). Ces colosses de pierre se retrouvent, dans le Foutah, à toutes les altitudes, suivant toutes les orientations; le plus curieux spécimen, non par la dimension mais par sa situation et par le nombre de ses monolithes, est celui du Fita, colline de Fougoumba qu'il termine en crête, à 800 mètres d'altitude; il faut le voir de l'ouest.

Dans maints endroits des monolithes brisés ont été entraînés par les eaux anciennes, arrondis par les frottements; puis, par des convulsions survenues dans des périodes suivantes, roulés sur la coulée encore pâteuse d'oxyde de fer de formation postérieure, ils s'y sont incrustés.

En plusieurs stations, ces blocs pêle-mêle montrent sur une de leurs surfaces, des stries régulières, semblables aux traces qu'auraient laissées des glaciers glissant sur la roche avant sa dislocation.

Partout, dans cette région, l'on rencontre la superposition des temps éloquemment présentée; la science lira, non sans émotion, dans ce livre ouvert, l'histoire captivante des évolutions préhistoriques, roman fabuleux pour nos temps modernes, période récente de nos climats refroidis.


Le Konkouré prend sa source au pied des montagnes du Foutah-Djalon, versant sud-ouest, dans le massif d'où sort, vers l'Est, le Bafing ou Sénégal; suivant d'abord un étroit thalweg, orienté vers l'Ouest entre les montagnes du Foutah, rive droite, et le massif accidenté de Friguiagué, rive gauche, il sépare le pays Foulah du pays Sousou. Puis, à la hauteur de Guémé-Sangan, se heurtant aux collines descendues des montagnes du Kehbou, il coule vers le Sud, en pays Sousou sur ses deux rives, contournant les contreforts de Friguiagué qui lui ont imposé ce détour.

Vers son embouchure, le cours du fleuve s'achève dans les eaux de la mer qui montent au-devant de lui, par de nombreux marigots, à travers les terres d'alluvions qu'il a formées. Cette partie du fleuve, estuaire dont le courant change suivant la marée, porte le nom de Bramaya, ses eaux, salées ou saumâtres dans la saison sèche, sont douces et potables presque jusqu'à la

mer dans la saison des pluies. Le Bramaya débouche sur la pleine mer au fond de la baie de Sanga-réah, à 40 kilomètres des îles de Los et de la presqu'île de Konakry qui ferment à demi la baie, en face de son embouchure.

Le Konkouré reçoit, sur sa rive droite, trois affluents principaux : la Piké, le plus en amont, qui lui apporte les eaux des hauteurs de Maci; le Kokoulo qui descend du plateau de Kahel; le Kakrimann, émissaire du Labé, dont le confluent est voisin de celui du Kokoulo, en face de Guémé-Sangan; puis, plus bas, sur la rive gauche, le Mayonkouré et, très en aval, la Badi, importante rivière qui apporte au fleuve les eaux du massif de Friguiagué. La Piké, le Kokoulo et le Kakrimann coulent nord-sud, parallèles entre eux, le Mayonkouré, la Badi et divers torrents sont orientés est-ouest.

La largeur du Konkouré est très variable, elle atteint 200 mètres dans les biefs en terrain plat, entre des berges peu élevées et drument boisées; dans certains passages semblables à de longues rues étroites et profondes, cette largeur, entre les hautes falaises de roc, se réduit à la largeur d'une embarcation touchant des deux bords; en face de Maléah, le fleuve, sur 100 mètres de longueur, n'a que 60 centimètres de large, un pas d'enfant ; il se perd en profondeur dans des passages souterrains.

En amont de Ya-Fraya le Konkouré est un vaste escalier aux marches inégales, ses eaux retenues en quelques biefs navigables, larges, souvent profonds et sans courant, s'écoulent par déversoirs successifs, seuils irréguliers, d'une hauteur totale de 280 mètres sur un parcours de 160 kilomètres.

La mer, montant encore pendant quelques kilomètres au delà de Ya-Fraya, franchit en amont et tout près de ce village, un premier obstacle formé par un barrage de rochers ; le rapide ainsi déterminé change de sens avec la marée, se renversant à des heures différentes suivant l'heure de la marée et la quantité d'eau douce roulée par le fleuve.

En remontant nous avons franchi ou escaladé 120 marches ou rapides. A part trois ou quatre chutes verticales, ces rapides sont des torrents tumultueux violemment brisés sur les géants de pierre écroulés de la berge dans le lit du fleuve, ou des masses d'eau fuyant lourdement dans les étranglements des failles disloquées. Quelques-uns sont de simples courants, rapides proprement dits, que l'on peut franchir à la voile dans les lieux découverts, à l'aviron ou à la pagaie dans les étroits corridors que forment les berges en falaises, ou que l'on pourrait remonter à la cordèle si le halage était rendu praticable dans le chaos des écroulements et des roches en place dont les berges à pic sont crénelées.

La plus haute des chutes verticales, le Déguité, a 40 mètres de hauteur environ ; le fleuve, en cet endroit, partage ses eaux dans deux chutes parallèles et un long couloir très incliné, creusé par érosion dans la roche vive ; dans la saison des pluies, l'amphithéâtre où tombent ces torrents offre l'imposant aspect, les échos retentissants et le volumineux désordre d'une puissante cataracte. Il faut remonter le Kokoulo, affluent du Konkouré, jusqu'aux merveilleuses gorges du Kinkon, dans les montagnes du Foutah-Djalon, pour trouver une série de chutes de plus grandes hauteurs.

Les chefs nous disaient que nous ne passerions pas, que personne n'avait jamais tenté de franchir les rapides fétiches. Après que nous avons eu grimpé le Déguité, passage qu'ils jugeaient le plus infranchissable, ils nous ont confié qu'ils connaissaient maintenant notre moyen magique. Nous mettions une pièce d'argent dans notre bouche et ainsi préparés, plongeant dans le fleuve, nous restions trois jours en conversation avec le fétiche des eaux ; alors nos bateaux passaient. Il aurait été inutile de chercher à les détromper ;

nos hommes eux-mêmes qui avaient tiré sur le palan, pensaient qu'il y avait quelque entente secrète entre le dieu et le toubab.

Dans les plans d'eau étendus, sans profondeur, sur des fonds inégaux encombrés de roches, les noirs, véritables amphibies, plus à l'aise dans l'eau relativement froide, que sur la terre brûlante, poussent le bateau à la main. A chaque pas ils plongent la tête sous l'eau pour reconnaître les inégalités de la route, les passages entre les roches et plus encore pour regarder si aucun caïman n'apparaît aux alentours. Cette inspection sans cesse attentive n'est pas un simple amusement, les histoires de baigneur ou de femme venue pour puiser de l'eau à la rivière, happés par le caïman, sont toujours récentes.

Les rives sont désertes, on ne voit des habitants qu'aux ports où l'on traverse le fleuve ; des villages sont cachés à quelque distance de la rive, derrière un rideau d'arbres et de lianes impénétrables. Parfois, parmi les curieux accourus, quelques-uns d'eux s'avançaient jusqu'aux obstacles pour nous venir aider, mais ce n'était pas sans un peu de méfiance.

Les chefs venaient de loin aux passages accessibles, nous saluer, s'assurer que vraiment la rumeur répandue dans le pays disait vrai, ils nous apportaient des poules blanches suivant l'usage des offrandes ; un vieillard qui relevait de maladie disait au milieu d'un groupe : « Je suis heureux de n'être pas mort, j'ai pu voir cela. »

Le voyage paraîtra facile et nous nous gardons de dramatiser, mais nous ne devons pas non plus tromper le lecteur, l'engager sur des sentiers inhospitaliers, alors qu'il penserait faire une promenade. L'habitude est de donner du relief aux voyages qui ont coûté la vie à leurs acteurs ; cependant tous les explorateurs diront avec moi qu'il est plus facile de se faire tuer sur l'obstacle que de le franchir. Nous dirons donc ici, sans raconter maints naufrages extrêmes, qu'il convient de ne s'aventurer à remonter ce torrent, et plus encore à le descendre, que bien préparé à une lutte vive.

Vingt fois nos barques submergées, emplies d'un seul flot, ont été entraînées dans des tourbillons fous, une seule a été broyée. Souvent terrassés par la fièvre, sans abri contre le soleil au milieu de ce lit désolé, désert de roche découverte, nous avons dû suspendre notre marche, n'ayant d'autres secours que ceux de la patience. Ce sont les incidents prévus.

Nous avons passé sans accident irrémédiable, parce que dès l'enfance j'avais pratiqué ce jeu dans les courants presque rapides du Rhône. Lorsque le fleuve débordé s'étendait hors de ses rives, montant jusqu'aux branches des arbres, formant dans la plaine ravagée des tourbillons en surprise, notre sport consistait à gagner quelque obstacle émergeant, un arbre, le toit d'un hangar. Cela se passait entre mes deux frères et moi, tous trois rapprochés d'âge ; c'était au premier arrivé.

Mais il eût été trop simple de prendre un bateau bien armé et de nager à l'aise ; — le concours n'aurait été qu'une lutte de forces, un concours de biceps, le brutal sport anglais. — Nous supposions que quelqu'un était en danger extrême au point à atteindre, et que par suite il fallait aller droit, mais que nous n'avions aucune embarcation. Au moment convenu, chacun de nous se construisait un bateau à son idée. En prévision de l'événement, chacun avait son plan secret pour gagner quelques minutes dans cette construction navale improvisée (bateaux en section de tambourin, en bonnet de police, radeau flottant). Généralement trois planches suffisaient à former pirogue, une pour le fond, deux pour les côtés et deux bouts de bois pour l'étrave et l'étambot. En plaçant bien coups de scie et coups de rabot, quarante minutes suffisaient à mettre en chantier, ajuster et lancer à l'eau une apparence de barque bien flottante, juste pour un nageur, et ne prenant pas trop l'eau. Il arrivait cependant que le fond, fixé un peu précipitamment aux côtés, se séparait sous la torsion des efforts contraires du courant et de la manœuvre, il fallait se résigner à la défaite.

Le fétichisme, toujours en cause, inspirait nos noirs et nous donnait en eux des auxiliaires tels que nous pouvions les souhaiter. Le dévouement décuple l'activité des efforts attentifs groupés sous une même volonté. Je citerai un exemple : en 1870, engagé dans l'artillerie, j'avais une batterie de campagne à commander, mais tout d'abord la batterie n'existait pas. Elle était représentée par quatre feuilles de papier : une liste de noms des hommes à appeler dans le département, artilleurs improvisés, sans aucune instruction militaire, tout ce qui était soldat ou ancien soldat étant déjà parti ; puis trois bons pour acheter du bois, du cuir et du drap. Deux camarades d'École me secondaient dans la transformation de ces éléments. Tous les ouvriers de métier mirent à notre service un tel zèle, qu'en moins de sept semaines, nous avions construit 24 voitures réglementaires, affûts ou caissons, forge, ambulance ; nos harnais étaient complets ; nos hommes étaient habillés, et instruits au moins des premiers éléments du service à faire ; étant en pays d'élevage, La Rochelle et Rochefort, ils savaient monter à cheval, ce qui facilitait l'instruction. On nous fournissait les chevaux ; les canons étaient à l'arsenal, il n'y avait qu'à les faire rayer.

En moins de sept semaines, dis-je, nos quatre feuilles de papier furent transformées en unité de combat, notre batterie manœuvrait en campagne.

Nous pensions donc qu'avec nos trente noirs groupés en une seule résultante, animés à l'extrême par la conviction qu'ils allaient, avec nous, pénétrer un mystère, triompher d'un puissant fétiche, nous ferions passer nos cinq bateaux et nos trois tonnes de bagages, par-dessus toutes les difficultés. Ces gens ont fait des prouesses.

Les quelques vues que nous donnons ici sont la reproduction des scènes faciles, celles-là seulement, comme on peut le penser, qui nous laissaient sans préoccupations.

Il ne dépend pas du voyageur de choisir les vues qu'il rapportera, il doit d'avance renoncer aux scènes vives, les plus intéressantes cependant, mais qui le retiennent au centre de l'action ; puis attaché photographe, il n'a pas le loisir de choisir son heure. Le matin et le soir la lumière est insuffisante ; sous bois, il est difficile de prendre des instantanés ; à midi, sous cette latitude, les objets ne portent pas d'ombre et, par suite, paraissent être sans reliefs ; souvent la scène à fixer se passe à contre-jour, l'objectif ébloui ne donne qu'une image effacée. Et après tout, lorsqu'on est parvenu à prendre un certain nombre de clichés dont l'ensemble pourrait donner une idée des sites visités, des situations successives qui constituent l'intérêt du souvenir que l'on veut garder, un coup de soleil sur des bagages humides suffit à fondre la gélatine des plaques non développées, tout est perdu.

Il est impossible de se préserver toujours de l'humidité dans l'état de demi-naufrage qui caractérise cette navigation précaire, dans des situations presque toujours extrêmes si l'on veut avancer sans perdre un temps trop précieux à des précautions secondaires. Il est difficile de s'abriter du soleil dans ces déserts de rochers où la nuit seule apporte l'ombre ; mais séparément la chaleur ou l'humidité ne compromettent pas la gélatine, ce qu'il faut éviter, c'est qu'ils coïncident.

On s'estimera heureux si au bout du voyage il reste encore la moitié des clichés à peu près intacte. Pour mieux faire, il faudrait développer en route, s'arrêter à propos, sacrifier les étapes aux exigences du collodion, mais alors ce ne serait qu'un voyage de photographe, sans incidents, et non plus une course d'exploration aux violences instructives, une investigation poussée en surprise dans l'inconnu.

Nous donnons, sur la même carte, notre tracé de chemin de fer, de la côte au Niger supérieur, avec les variantes à comparer. Deux passages s'offrent à nous pour franchir les massifs de montagnes accumulées parallèlement à la mer, et gagner le versant est ; le plus praticable est le thalweg qui sépare le massif du Foutah-Djalon du massif de Sierra Léone. Le capitaine Brosselard-Faidherbe avait indiqué par là une ligne, de Benty au Niger, qui n'avait à gravir qu'un seuil peu élevé. Les Anglais nous ont fermé ce passage par la délimitation qu'ils ont imposée à nos négociateurs indifférents ou peu clairvoyants. Ils proclamaient à grand bruit ce qu'ils appelaient leur droit ; puis lorsque, lassés par leurs atermoiements, ou par mépris pour leurs manœuvres, peut-être aussi simplement par maladresse de notre part, nous avons accepté une délimitation qui empiète sur les contreforts du Foutah-Djalon, ils se sont bruyamment et publiquement moqué de nous.

On ne saurait trop dire ces choses à la nation qui est seule responsable, pour la réveiller de son indifférence. Nos négociateurs ont été récompensés comme après un succès.

Le second passage, pour franchir les montagnes du Foutah, se trouve au seuil de Féguiuria, sur la ligne de partage des eaux. L'Almamy, d'accord avec les chefs des provinces, nous l'a indiqué en nous donnant l'autorisation d'établir notre chemin dans son pays, il nous donnait en même temps les terres que ce chemin devait traverser. Notre tracé rencontre successivement, le long de son parcours, de nombreuses chutes d'eau, actives même pendant la saison sèche. Il fallait rechercher ces sources de force pour produire de l'électricité ou obtenir de l'air comprimé sans dépense de combustible, et pouvoir au besoin se passer de la vapeur dans un pays où le charbon est cher et le bois insuffisamment abondant.

Nous avons, dès le premier moment, fait connaître au Ministère, et ensuite publié, nos observations, lorsque nous demandions au Gouvernement la permission d'établir ce chemin. Nos négociations avec le Roi nègre avaient été laborieuses et non sans danger, mais du moins efficaces ; à Paris, nous insistâmes sans succès.

Nous demandions la permission d'établir la ligne, sans concession ni privilège. Les chefs s'engageaient à faire faire, sous nos ordres, les travaux de terrassement, et cet engagement étant conforme aux usages du pays, aux intérêts des chefs, il aurait été tenu sans difficultés ; on le comprendra du reste si l'on veut bien se rendre compte des difficultés des transports dans ces montagnes accidentées. C'était une avance suffisante pour établir la ligne. On ne m'accorda pas cette simple permission.

Ceci me rappelle qu'une réponse semblable nous fut opposée en 1868, dans des conditions analogues. Nous avions donné des vélocipèdes aux facteurs de notre arrondissement ; la distribution des lettres y avait gagné d'être terminée en beaucoup moins de temps, le public était mieux servi, et les facteurs occupés à divers métiers, entre leurs tournées, avaient plus de temps à eux. Après un an d'expérience concluante, nous offrîmes au Gouvernement de lui donner gratuitement 200 vélocipèdes, afin qu'il pût faire l'expérience sur divers points du territoire ; nous prenions l'engagement d'entretenir ces machines pendant un an, à nos frais ; cet engagement était facile à remplir, nos ateliers de Paris livraient à ce moment 300 vélocipèdes par mois. Le Gouvernement n'accepta pas.

De même, pour construire le chemin de fer du Foutah, nous avions offert de prendre les frais à notre charge, ayant déjà fait l'avance des frais considérables de traités avec les indigènes au temps où les Européens étaient sans autorité dans le pays, ayant fait les frais d'étude du tracé. Tout cela fut inutile ; il est, dit-on, plus facile de dévaliser l'État que de le servir.

Nous devons cependant attendre l'avenir avec la plus grande confiance, les erreurs commises sont les derniers effets d'une routine ancienne, la nation, éveillée forcément par les événements qui sollicitent ses volontés, apportera bientôt à la direction de ses affaires le souci clairvoyant de ses initiatives enfin libérées, elle montrera sa valeur.

Nous n'avions pas encore vu dans l'histoire l'événement actuel, le peuple livré à lui-même, répudiant les tutelles jusqu'alors directrices, disposant des lois.

La nation, majeure enfin, montre une solidité triomphante dans l'imprévu de sa vie nouvelle, dans les incidents de ses premiers essais. La lutte violente des forces sociales, des passions humaines librement confrontées, met en lumière la valeur de la nation que voilaient des dehors de conventions ; notre vertu paraît dans cette extrémité où les syndicats, survivants de l'ère ancienne, nous ont

poussés pour nous réduire ; l'Aryen gaulois jette aux vents ses liens sournois, et marche. Un crime publiquement discuté a projeté la lumière dans les consciences assoupies ; les Français se sont comptés, la vie nationale, faite de leurs volontés, affirme sa force et sa direction suivant la loi du progrès ; le désordre momentané de notre vie politique n'est que le désarroi des partis stupéfaits, l'avenir nous appartient.

L'Angleterre a surpris notre indifférence, elle a mis à profit nos distractions, pour armer sans relâche ; il faut, pour nous défendre, et cela suffira, créer sans retard une armée au Soudan, une armée indigène ; pour cette œuvre le Foutah-Djalon, presque salubre, nous vient en aide.

Nous avons indiqué les conditions de sa formation, et demandé depuis plus de dix ans, la permission de l'organiser sans frais pour la métropole, montrant nos ressources en argent et en hommes. On n'a pas refusé mais on n'a pas permis.

Il était cependant plus facile d'envoyer 60.000 hommes à Fachoda qu'un porte-drapeau sans escorte.

Ce serait mal comprendre la difficulté que de reprocher ce néant de volonté à nos fonctionnaires, la nation seule est coupable, étant seule responsable, voulant paresseusement que ses affaires marchent à souhait, alors qu'elle ne s'en occupe pas.

Il ne s'agit pas de faire la guerre, il s'agit de l'empêcher. Sans doute le jeu en plairait au Français, mais la loi d'humanité veut qu'on l'évite. Une armée plus forte en Algérie ne pourrait que nous aider à soutenir une guerre, nos précieux contingents s'y dépenseraient cruellement, nos résolutions seraient influencées par l'angoisse des hécatombes, l'audace de l'adversaire se fortifierait de nos hésitations. Ce qu'il nous faut, c'est une armée de noirs africains, gens de combat, toujours prêts. Nous pouvons armer 100.000 hommes en quelques mois, ayant des cadres déjà formés et qui attendent impatiemment. Alors, *sans combats*, cette troupe menaçante, l'arme au pied, nous donnera, dans les conseils, l'autorité due à nos droits. Le Maroc et l'Égypte, où nous pouvons si facilement mettre d'accord les intérêts européens, seront pour nous des gages de la docilité de l'Angleterre.

MACON, PROTAT FRÈRES, IMPRIMEURS.

INDIGÈNE RÉCOLTANT
DU VIN DE PALME

MANGUIERS

BRAMAYA
Estuaire de Konkouré

KAKOUNSOU Bramaya
Douane

Chute verticale de trois mètres de hauteur, environ. La nappe d'eau, brusquement brisée, n'offre aucun passage praticable ; il faut passer à terre ; transbordement facile. La

berge est basse, la roche unie. Nos hommes sont déjà entraînés ; les premiers rapides ont été durs, d'un abord peu engageant, l'effort victorieux qu'ils nous ont coûté a dissipé la terreur mystérieuse qu'inspire le fleuve, fétiche toujours grondant.

L'homme au chapeau, vers l'arrière

du bateau, est le fils d'un chef, riche propriétaire de nombreux villages; il a demandé à faire partie de l'expédition pour se couvrir de gloire. Il sera célèbre (dans son village), considéré comme ami d'un fétiche redoutable, que personne n'avait osé affronter.

Le portage terminé les piroguiers reprennent possession de leurs barques, étonnés de leur travail, ils se rappellent les péripéties du voyage, incidents et accidents. Ces primitifs sont des forces simples, inconscientes, ignorant les volontés suivies qui nous mettent en action vers un but déterminé.

EN AVAL DE BENGALIA

Passage facile par terre, cependant long et pénible pour nos
hommes, pieds nus sur la
roche brûlante ; ils sont
insensibles aux aspé-
rités, mais la tem-
pérature de la
roche qui dans
le milieu du
jour s'élève au
point que nous
n'y saurions

tenir la main,
leur racornit
douloureusement
la peau.
Nous avions essayé
de remonter
par une
pente d'eau
suffisamment
allongée,
sur un point de
la chute,

il a fallu y renoncer et transporter
barques et bagages; un flot rejeté
d'une façon permanente en
travers du couloir, ne
laissait pas la place
de passer. La pre-
mière pirogue engagée

fut coulée net .
nous
dùmes perdre
une
partie de la journée
à étendre
au soleil notre riz
mouillé
(avarie
fréquemment
renouvelée)

Le riz, indispensable provision

strictement nécessaire pour l'équipage,
serait impossible à remplacer,
introuvable dans ce désert.

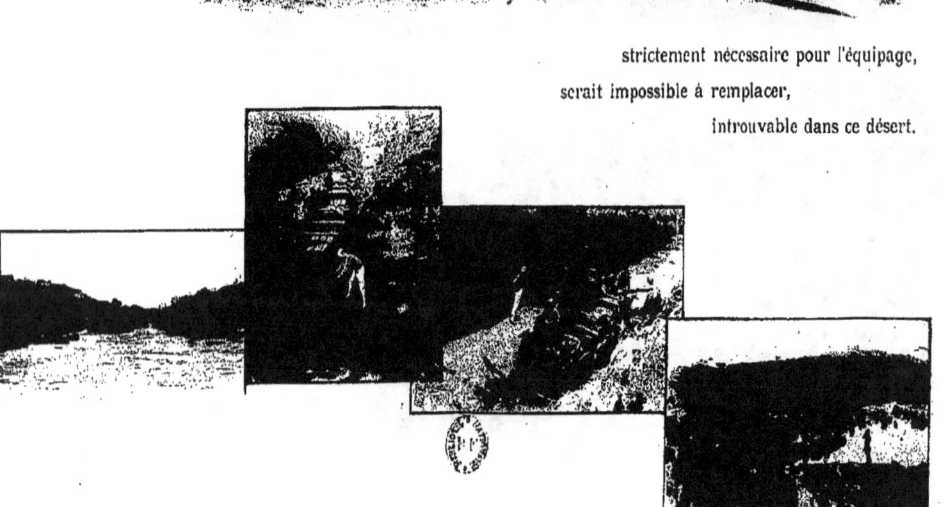

Le fleuve se partage dans deux corridors tortueux qu'il descend par une série de rapides ; le flot assez régulier dans ces chutes successives permet de remonter par eau les barques déchargées.

En amont le corridor se prolonge facile et sans courant.

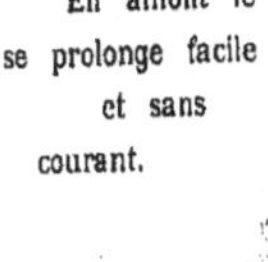

Une légende raconte qu'un éléphant s'est laissé prendre par le courant et a été entraîné sur le rapide.

Dans la saison des pluies, les eaux massives défaillent sans se briser sur ce barrage de roche, elles en couvrent les accidents d'un flot uni que l'on pourrait descendre sans trop de danger.

Le danger n'est pas le naufrage, c'est le Caïman.

Moussa-Di, promu rôtisseur, boucane une provision de viande de bœuf découpée en lanières.

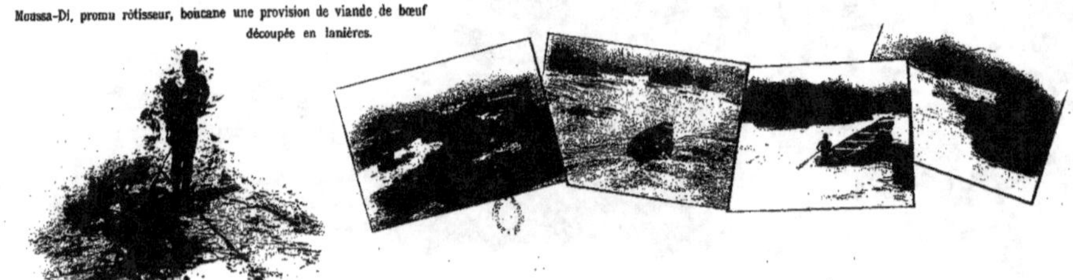

Paysage tranquille, rivage hospitalier ; repos, chasse et cuisine. Les Habitants de la vallée voisine viennent nous souhaiter la bienvenue. « Nous avons confiance, disent-ils, parce que c'est toi, tu es l'ami du Foutah depuis vingt ans déjà. » Un Chef qui vient d'être malade, fait une prière et remercie le fétiche. « Je suis content, dit-il, de n'être pas mort, cela me permet de voir un tel événement.

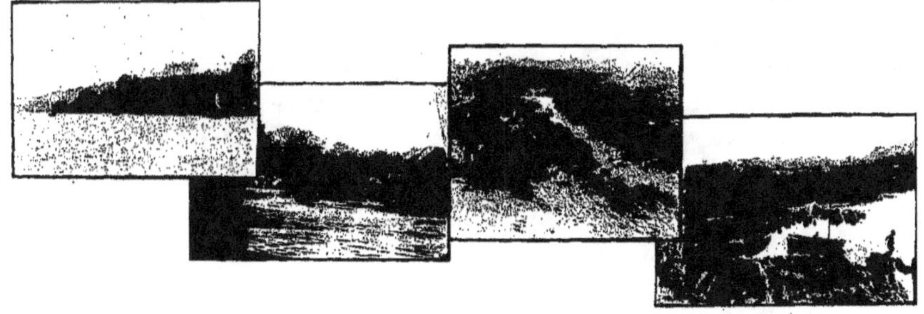

est inappréciable, les ordres nets sont exécutés avec précision,
pas un geste de plus, mais pas un de moins, quel que soit le danger; il ne s'agit pas là de s'adonner à la Photographie.
Le dernier rapide, au sortir de la tranchée, est facile à franchir, nous avons tout
le loisir de prendre les six vues ici reproduites.

Le cuisinier, imperturbable, est venu demander ce qu'il devait préparer: Macaroni, filet de bœuf et petits pois; c'est invariable ou à peu près, mais sa question, d'une naïve sincérité, nous donne l'illusion du festin que nous pourrions imaginer. Le plus souvent, cinq jours sur sept, nous n'avons pas le temps de l'écouter; déjeuner tard et dîner tôt se confondent en un seul repas, à la tombée de la nuit.

Le fleuve se
divise
en deux chutes
séparées
et remplit en
outre un large
couloir
creusé dans la
roche vive.

Dans la saison
sèche,
actuellement,
le fleuve
passe
presque
tout entier
par une
seule chute.

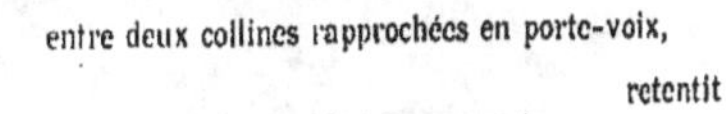

Le bruit de ses eaux précipitées dans ce bassin profond,

entre deux collines rapprochées en porte-voix,

retentit très au
loin,
on l'entend et
l'on aperçoit
l'embrun
et les
chaudes
vapeurs
qui s'élèvent
au-dessus
des bois bien
avant d'arriver à
l'amphithéâtre.

Il faut hisser
nos
embarcations
sur
la colline:
notre palan fait
son office.
Arrivés
sur
le plateau,
toujours
sous bois,
nous formons

d'un abondant abatis de branches et de jeunes arbres, un lit souple et glissant
sur lequel passent nos embarcations traînées au pas de course.

Traînage sur des bois à travers un champ de pierres, allure la plus fréquente des cheminements par terre.

Campement au milieu du fleuve. Dans la saison des pluies, cette plaine de roc est le lit rempli du fleuve, dans la saison sèche les eaux se réduisent aux torrents que nous remontons en ce moment dans le fond des berges creuses.

A la voile sur 12 ou 15 kilomètres, c'est le repos promis à l'équipage.

Après deux heures de
course à la voile, nous
arrivons devant
une muraille
haute, le passage
est difficile,
cinq rapides
étranglés à
dix mètres
de
profondeur
dans une
étroite
fissure du
plateau massif,

Heureuse navigation ; il a fallu deux jours de dur travail pour gagner ce bief inaccessible. Tant que dure le jour, si loin que l'eau s'étende, aussi longtemps que le vent soufflera, personne ne pensera au déjeuner, le soir, seul, nous arrêtera, la nuit éteint tous les courages.

Berges de grès friable ravagé par les eaux,

creusé en formes étranges ; allure fréquente tout le long du fleuve.

Barrage de monolithes géants, fouillés par les eaux dans la roche massive, aux temps préhistoriques ; on retrouve les pareils à toutes les altitudes, dans le Foutah, témoins éloquents des luttes violentes des temps de la formation dernière.

Le halage suivi n'est pas possible

sur ces berges ravagées;

il faut haler
d'un point fixe
choisi
assez loin en amont,
en ligne droite
dans la direction
de chaque
passe.

C'est
200 mètres de corde
à allonger
et à déplacer
vingt fois
pour
cinq barques
et
quatre rapides
échelonnés
sur
un kilomètre.

RIVIÈRE KONKOURÉ
(1ère partie : Bramaya)

Vue prise DANS L'EST DE IONIA le 11 avril 1899

Avant-projet de Chemin de fer de Conakry au Niger
PAR LE BASSIN DU KONKOURÉ
Résultat des voyages de 1879 à 1899 par M.M. de Sanderval
Échelle = 1/1.250.000

Légende
Tracé du Avant-projet de chemin de fer de Conakry au Niger par M.M. de Sanderval
Variante (de Sanderval)
Tracé étudié par M. le Cap. du génie Salesses
Limite de bassin
Itinéraire de M.M. de Sanderval, 1899
Pour plus de détails voir la carte des itinéraires de M.M. de Sanderval, 1879-1898

PROFIL DE L'AVANT-PROJET DE CHEMIN DE FER DE CONAKRY AU NIGER
Échelle des longueurs

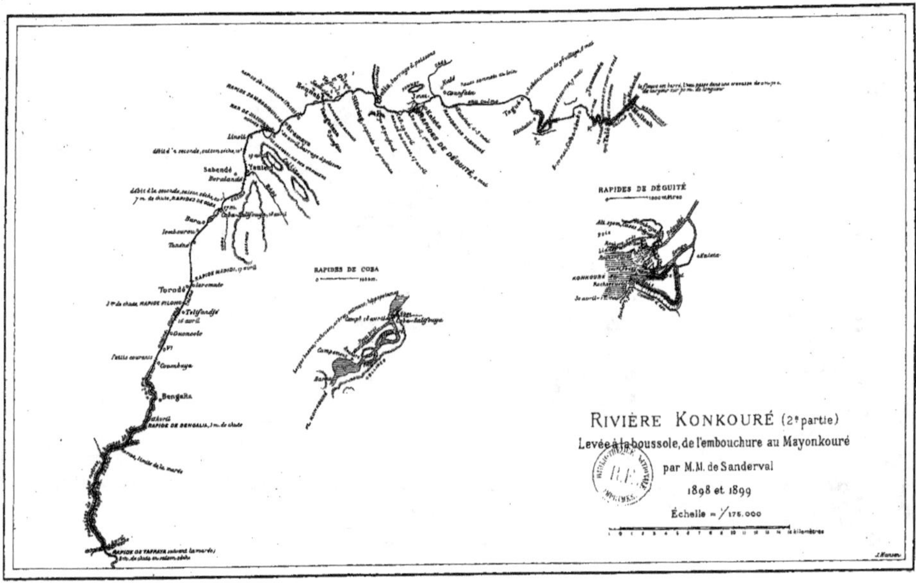

RAPIDES DE DÉGUITÉ
1800 mètres
RAPIDES DE COBA
RIVIÈRE KONKOURÉ (2e partie)
Levée à la boussole, de l'embouchure au Mayonkouré
par M.M. de Sanderval
1898 et 1899
Échelle = 1/175.000